AF261586

DISCOURS

PRONONCÉ PAR

M. HAENTJENS

(DÉPUTÉ)

A LA RÉUNION DU

THÉATRE DE PASSY

PARIS

TYPOGRAPHIE F. DEBONS & Cie

16, RUE DU CROISSANT, 16

1880

DISCOURS

PRONONCÉ PAR

M. HAENTJENS

(DÉPUTÉ)

A LA RÉUNION DU

THÉATRE DE PASSY

PARIS

TYPOGRAPHIE F. DEBONS & Cie

16, RUE DU CROISSANT, 16

1880

Récemment M. Haentjens, député de la Sarthe, prononçait à Passy devant une réunion d'environ deux mille personnes le discours suivant :

Messieurs,

La tâche qui m'est assignée par notre honorable président est assurément la plus difficile à remplir. Venir parler affaires par une chaude journée de juillet, devant un auditoire où ne nous attendions pas à trouver des dames, et après la parole entraînante de notre ami Lenglé, c'est aller au-devant du danger, et le pire de tous, le danger de l'ennui et de la lassitude. (Non, non. Parlez.) J'essaierai de l'éviter en me donnant tout au moins le mérite d'être bref. La modération de langage me sera facile; je puis me garder, dans une question d'affaires, des ardeurs où nous entraîne la politique.

Je viens simplement m'occuper de vos intérêts matériels. Je voudrais les étudier surtout au point de vue démocratique. (Très bien!)

Je voudrais rechercher comment les républicains ont tenu leurs promesses, ces promesses retentissantes avec lesquelles ils sollicitaient les faveurs du corps électoral. Je voudrais examiner leurs anciens programmes et me demander avec vous comment ils les ont réalisés.

On peut aujourd'hui examiner cette question en pleine connaissance de cause. L'expérience a été complète. Il y a dix ans que les républicains sont aux affaires : dix ans, c'est bien suffisant pour donner sa mesure.

Examinons ce que les républicains ont fait de leurs progammes et de leurs promesses pendant cette période décennale.

Vous savez ce qu'ils nous promettaient: de l'économie d'abord, une large économie, la réduction des dépenses, la diminution des charges qui pesaient sur le peuple, des réformes fiscales dans le sens démocratique; la suppression des emprunts et la guerre, une guerre acharnée au développement du fonctionnarisme.

Voici d'abord l'économie que nous leur devons. Elle peut se résumer en deux chiffres, je prends le budget à dix ans de distance : Le budget présenté en 1869 pour faire face aux dépenses de 1871 et celui que nous sommes en train de discuter pour. l'exercice de 1881.

Le budget préparé pour 1871 s'élevait à **deux milliards** cent cinquante-deux millions.

Le budget de 1881 s'élève à trois milliards sept cent soixante-quinze millions : 3 milliards 775 millions ! (Mouvement d'étonnement dans l'auditoire.)-

Ces chiffres, je le comprends, Messieurs, vous causent le plus vif étonnement ; malgré vous, peut-être un doute sur leur exactitude traverse votre esprit? Veuillez me permettre de rappeler que j'ai assez le sentiment du respect que l'on doit à la tribune pour n'apporter devant vous, comme je le fais, devant mes collègues de la Chambre que des chiffres d'une précision rigoureuse. Je le répète, 2,152,000,000, voilà le dernier budget de l'Empire; 3,775,000,000, voilà le budget de la République. (Sensation prolongée.)

Je ne veux pas vous fatiguer de détails inutiles et je me bornerai à mettre sous vos yeux les trois grandes divisions de ce budget.

Le budget ordinaire comprenant les dépenses normales de l'Etat	2.773.000 000
Le budget sur ressources spéciales comprenant les dépenses des communes et des départements.	413.000.000
Le budget sur ressources extraordinaires.	589.000.000
Total. . . .	3.775.000.000

Permettez-moi d'en finir tout de suite avec ce trompe-l'œil du budget sur ressources extraordinaires. Le mot fait illusion, c'est un euphémisme financier. Savez-vous ce que sont ces ressources ? Elles nous viennent de l'emprunt et de l'emprunt seulement.

Aussi faut-il lui laisser le nom que je lui ai donné à la tribune, celui de budget d'emprunt ! Oui, Messieurs, cinq ou six cents millions d'emprunt tous les ans ; voilà comment nos hommes politiques tiennent leur promesse de supprimer désormais les emprunts de leurs combinaisons budgétaires ! (Applaudissements prolongés.)

Mais revenons à l'examen des dépenses aux deux époques que je prends pour termes de comparaison. Sous l'Empire elles montent à 2,152,000,000 qui, avec les crédits supplémentaires inévitables, se seraient élevées sans doute à 2,200,000,000. Sous la république nous voilà au chiffre de 3,775,000,000 qui, avec ces mêmes crédits supplémentaires, dépasseront certainement 3 milliards 900,000,000.

Vous le voyez, en dix ans c'est une augmentation sur nos dépenses d'un milliard sept cents millions.

Mais on ne manquera pas de nous dire, et s'il y a des contradicteurs dans cette enceinte, je vais au-devant de leur objection :

« Mais vous devez tenir compte des charges de la guerre.»

Je ne veux pas passionner ce débat, je ne veux pas m'égarer dans des récriminations rétrospectives sur les responsabilités encourues. Pour moi, je l'ai toujours dit et je le répète, la responsabilité de la guerre remonte à la Prusse, qui l'a poursuivie de longs mois, qui s'y est préparée et qui l'a provoquée quand elle s'est trouvée prête à l'entreprendre. C'est elle qui doit porter devant l'histoire la responsabilité de cette conflagration terrible. (Oui ! oui !)

Je ne me sens même pas le courage de reprocher aux hommes du 4 septembre d'avoir poursuivi la défense dans les conditions désastreuses que vous savez.

Ce que nous ont coûté la guerre et la Commune, M. Thiers, dont on ne récusera pas le témoignage, s'est chargé de nous le dire.

M. Thiers estimait que ces dépenses grèveraient annuellement le budget de 450 millions. Il demandait, en outre, 200 millions de ressources annuelles pour faire face à l'amortissement de la dette, il croyait enfin qu'on pouvait réaliser des économies sur le budget de l'Empire, il évaluait ces économies à 150 millions par an.

Eh bien, Messieurs, l'amortissement s'est changé en emprunts, les économies en accroissements de dépenses, et assurément si M. Thiers vivait encore, il accablerait sous ses épigrammes les financiers de l'opportunisme. (Très bien ! très bien.)

Vous le voyez, nous n'avons donc à mettre au compte de la guerre et de la Commune que 450 à 500 millions au plus ; déduisons-les du milliard sept cents millions qui constituent l'augmentation de nos dépenses : il nous reste un milliard deux cents millions qui, cette fois, représentent les augmentations que nous devons à la république et aux opportunistes.

Je défie les partisans du régime actuel qui peuvent se trouver dans cette salle de contester ce chiffre écrasant. (Triple salve d'applaudissements.)

Mais comment est-on arrivé à un tel débordement de dépenses ? Il y a à cela des causes générales et des causes spéciales.

J'ai un jour exposé à la Chambre les résultats fort curieux d'une enquête qui a été faite en Angleterre, enquête qui établissait que partout où se développe sans un contrepoids suffisant le régime parlementaire, les dépenses s'accroissent dans des proportions dangereuses.

J'ai cité ce fait saisissant que le pays où ces augmentations se sont produites de la façon la plus intense sont le canton de Genève et le canton de Berne.

Et comment s'étonner, Messieurs, de l'entraînement qui pousse les députés à voter des dépenses populaires qui flattent et séduisent leurs électeurs ; comment s'étonner que les ministres, soucieux avant tout de garder leurs portefeuilles, cèdent aux influences parlementaires et à cette soif ardente de popularité ? Ces critiques me sont d'autant plus permises qu'il m'est arrivé souvent d'appuyer des ministres qui, dans de rares occasions, ont eu le courage de resister à des dépenses injustifiables, et je le rappelle avec orgueil. L'esprit de parti doit abdiquer quand il s'agit de l'intérêt des contribuables. (Très bien ! très bien !)

Une des causes spéciales la plus manifeste de cet accroissement de dépenses est assurément le fonctionnarisme que les républicains nous avaient promis de contenir ou de restreindre, et qui s'est développé, au contraire, dans de telles proportions qu'à lui seul il nous vaut une augmentation de 58 millions sur le dernier budget de l'Empire. Assurément, on a vu de tous temps les députés se montrer plus ou moins exigeants pour leurs parents, leurs amis, ou pour les agents qui composent leur clientèle politique. On a beau être dévoué à l'intérêt du pays, on n'en est pas moins homme, et nous n'exigeons pas des républicains ces vertus surhumaines qu'aucun de nous n'a la prétention d'avoir pratiquées. (On rit.) Mais vous m'accorderez que jamais on n'avait vu de tels abus de favoritisme, de népotisme; les 58 millions par lesquels ils se chiffrent me dispensent d'insister. On peut dire que jamais les députés et les sénateurs n'auront eu tant de fils, de frères, de cousins et d'amis à placer.

On se demande ce que devient sous un tel régime l'indépendance des membres du Parlement, ce qu'elle devient?

Elle est comparable à l'indépendance des hannetons que les enfants lancent dans les airs et qui ont un fil à la patte. (Vive hilarité.) Je n'applique, bien entendu, cette comparaison un peu libre à aucun de mes collègues. (On rit.) Voilà pourquoi dans les Chambres les dépenses occasionnées par le fonctionnarisme augmentent constamment. Depuis quelques années on dépasse toute mesure. Vous voyez comment ont été tenues sur ce point les promesses faites par les hommes qui ont oublié des engagements pris solennellement alors qu'ils étaient dans l'opposition. (Applaudissements prolongés.)

Mais je prévois comment les opportunistes vont essayer de se défendre. Si nos dépenses se développent, diront-ils, si nous avons renoncé à notre rigorisme d'autrefois, c'est que les impôts rentrent plus facilement que jamais, qu'il y a des plus values budgétaires, que la prospérité se développe dans le pays. Ah ! Messieurs, gardez-vous de vous abandonner à ce mirage dont j'ai déjà eu l'occasion de signaler les dangers !

Ces plus-values tiennent simplement à ce fait, qu'on a profondément modifié depuis dix années l'établissement de nos budgets. On prend pour base le rendement des impôts, de l'exercice de deux années auparavant. Il est bien évident, lorsqu'on arrive par exemple en 1880, qu'on a des plus-values sur les chiffres de 1878 qui ont servi de base à l'évaluation des recettes.

De là ces dithyrambes que chantent tous les jours les journaux officieux à l'occasion de l'accroissement du produit des impôts, qui n'est pas même l'augmentation normale.

En effet, l'*incrementum* annuel a été sous l'Empire en moyenne de 3 à 4 0[0. Il a été sensiblement moindre sous la république.

Cela n'empêche pas les officieux de profiter d'une innovation dont le public ne se rend pas bien compte pour chanter les louanges du régime actuel et parler de l'augmentation du produit des impôts. (Très bien! très bien!)

Et encore parmi ces accroissements de recettes, quelles sont les deux principales sources d'augmentation? les droits de douane et les droits d'enregistrement. Mais, je ne sache pas, quant aux premiers, que les impôts perçus sur les vins et les blés étrangers qui sont venus combler les déficits de nos récoltes soit un signe de prospérité. (C'est vrai.) Quant aux droits d'enrégistrement, j'y vois bien le signe de l'augmentation de fortune dans une partie privilégiée de la nation; je vois bien que le fisc qui prend des droits proportionnels sur la fortune de ceux qui meurent profite ainsi de la hausse des titres de Bourse et bénéficie ainsi de la valeur croissante du portefeuille; je sais bien que les propriétaires qui ont des maisons à Paris les vendent mieux depuis deux ou trois ans, et que l'enregistrement profite de cette hausse quand il y a des mutations par suite de ventes ou décès.

Mais en vérité est-ce bien là une prospérité générale, est-ce là autre chose qu'une prospérité toute localisée, toute spécialisée à une classe de citoyens? Oserait-on nous dire que les populations laborieuses, les ouvriers de la terre et de l'atelier qui n'ont pas des actions à la Bourse et des maisons à Paris (très-bien!), ne sont pas dans une situation difficile? Les ouvriers souffrent partout d'une crise industrielle qui n'a pas dit son dernier mot ; les campagnes viennent de traverser trois années qui leur imposent les plus durs sacrifices. Ah ! parlez-leur de vos plus-values et du prix des maisons à Paris, et du cours des valeurs de Bourse, parlez-en à Jean Bonhomme qui courbe l'échine sous les impôts et qui demande à la grève de quoi faire face à la misère qui crie chez lui, et vous verrez ce que Jean Bonhomme vous dira de votre prospérité républicaine. (Applaudissements prolongés.)

Jean Bonhomme vous répondra avec moi qu'il n'a pas trace dans sa poche de ces accroissements de revenus, et que la prospérité des propriétaires de Paris et des détenteurs de titres ne lui apporte que bien peu de soulagement dans la rude tâche de père de famille qu'il a à accomplir. Mais les opportunistes répliqueront : Vous vous plaignez des impôts, lorsque déjà nous avons commencé à les réduire. — Ah ! oui,

c'est-à-dire qu'après avoir demandé au pays
sept cents millions de plus qu'on ne devait
lui demander, on lui apporte une réduction
de 112 millions qu'on lui présente comme
un grand bienfait.

Mais voyons d'abord, Messieurs, ce qu'on
a fait pour le peuple dans cette réduction
d'impôts. On commence par supprimer les
droits qui pèsent sur les savons et les huiles
de colza et d'olives. Mais on a soin de laisser
intacts les droits exorbitants qui frappent
les huiles minérales; savez-vous de combien
sont ces droits? de 200 0|0 ; et pendant qu'on
va au secours des riches négociants et in-
dustriels de Marseille, le pauvre ouvrier qui
allume sa lampe à son foyer laborieux paie
0 fr. 90 ou 1 fr., ce qui lui coûterait 20 centimes en Belgique ou en Allemagne, 15 centimes en Amérique! — Voilà, Jean Bonhomme, ce que l'on fait pour toi!

On a diminué des impôts commerciaux, le
tarif des billets à ordre, le prix des lettres
et des dépêches. enfin la taxe des patentes,
— réforme à laquelle je ne fais pas d'objection, — mais, encore une fois, je cherche la
part du peuple, du vrai peuple en tout cela.
Je cherche une seule réduction qui ait vraiment le caractère démocratique. — Ah! si,
je me trompe, — on a dégrevé de six mil-

lions la chicorée pour empêcher l'élection d'un bonapartiste, de notre ami Jules Amigues. — Six millions sur cent douze! — Jean Bonhomme, voilà ta part! (Applaudissements.)

Et cependant nous n'avons jamais cessé de demander qu'on procédât à des dégrèvements offrant vraiment un intérêt populaire. Nous prouvions que ces réductions d'impôts pouvaient atteindre cent millions. Et nous l'établissions en insistant sur une réforme indispensable dont l'équité s'impose. Nous reprochons incessamment au gouvernement de forcer, contrairement à tout droit, ceux qui supportent les impôts de payer à une classe de rentiers chaque année soixante à soixante-dix millions qu'on ne leur doit pas. (Mouvement d'attention.) Vous comprenez que je parle de la réduction de l'intérêt de la rente 5 0\0, c'est-à-dire de sa conversion.

Que de fois n'avons-nous pas rappelé que les porteurs de rente 5 0\0, par une faveur inique, touchaient environ 4 25 0\0 d'intérêt, tandis que les détenteurs de 3 0\0 ne touchent que 3 60 0\0.

Nous avons démontré que tous les pays du monde avaient, au profit de la démocratie, réduit les intérêts de leur dette; les Etats-Unis, en quelques années, ont abaissé l'intérêt du 6 0|0 à 4 0|0 (très-bien, très-bien). Nos réclamations ont toujours été méconnues, l'opportunisme nous a opposé les refus les plus obstinés, et il s'est trouvé un ministre pour nous dire que, si les bonapartistes n'avaient pas réclamé cette réforme, elle serait probablement réalisée depuis longtemps. (Bruit et murmures.)

Vos murmures si expressifs condamnent cette malheureuse parole. Tenez, savez-vous comment M. Louis Blanc qualifiait en d'autres temps ce refus, lorsque, sous la monarchie de Juillet, la Chambre des Pairs s'opposait à la conversion, il qualifiait ce refus de scandaleux, et savez-vous comment il y a quelques jours un homme distingué, un économiste éminent, un professeur du Collège de France qui habite cet arrondissement, M. Leroy-Beaulieu, flétrissait à son tour la résistance que l'on met à opérer cette réforme ? il disait « c'est une déloyauté ».

Oui, Messieurs, déloyauté; c'est ainsi qu'un homme, qui ne peut être suspect d'hostilité, dénonce, dans le journal l'*Economiste*, l'obstination de ceux qui font payer aux contribuables ce qu'ils ne doivent pas « pour en faire cadeau à quelques rentiers », ce sont encore les termes de M. Leroy-Beaulieu (Applaudissements).

Si nous avons tant de peine à obtenir cette mesure si équitable, c'est que la conversion a été la vache à lait des politiciens habiles de notre époque. Mon ami Lenglé a dit un jour à la tribune comment ces bruits de conversion, reproduits tous les cinq ou six mois, et démentis quelques jours après, permettaient à ces habiles de faire à la Bourse de bonnes et fructueuses opérations (Applaudissements).

Ce ne sont pas les seules opérations qui ont été profitables à ces heureux du jour. Vous vous rappelez cette affaire d'un chemin de fer de Tunisie, apportée à la tribune par un honorable député, M. des Rotours, et ces lignes rachetées par l'Etat bien au-dessus de leur valeur? — Et la loterie! ah! je suis injuste, je reprochais au gouvernement de ne rien faire pour la démocratie et j'oubliais qu'il a démocratisé la loterie, et il inonde la France de valeurs à lots.

Dans ces ripailles, dans cette curée des millions, Jean Bonhomme a sa part; on lui donne le droit de placer ses économies à une nouvelle caisse d'épargne, celle de la loterie, il lui en coûte déjà cher. (Vifs applaudissements.)

Mais, en face de nos réclamations incessantes, le Gouvernement, stimulé par les élections qui approchent, découvre un matin qu'il peut réduire les impôts de cent millions. Comme toujours, c'est un coup de théâtre. — Il dépose un projet qui abaisse les droits sur les sucres de 69 à 40 fr. par 0[0 kilos. Ce qui paraît plus curieux encore, c'est que, la semaine suivante, la commission du budget, animée d'une juste émulation, découvre qu'on peut encore réduire les impôts de quarante millions, de plus; — et tout cela sans avoir recours à la conversion. — A voir toutes ces mesures que le gouvernement paraît faire sortir d'une boîte à surprises, on se croirait, en vérité, dans le duché de Gerolstein. (Hilarité et applaudissements prolongés.)

Ici encore, voyez comme les opportunistes s'inquiètent peu des intérêts démocratiques. Ils dégrèvent le sucre pour plaire aux fabricants de sucre et aux confiseurs. (On rit.) Ils oublient qu'ils devaient d'abord supprimer le droit sur les blés, c'est-à-dire sur le pain, l'impôt sur l'huile de pétrole, dont je vous signalais tout à l'heure l'iniquité, le droit sur le sel, lourd surtout au pauvre.

Ne devait-on pas songer aussi à nos campagnes qui supportent de si lourdes charges depuis quelques années avant de diminuer la taxe du sucre, à nos populations rurales qui plient sous le faix des centimes additionnels?

Une voix. — Et le vin ?

Je vous remercie, mon ami, de me rappeler une réforme qui a fait l'objet constant de nos préoccupations, — Je ne puis oublier que je parle au milieu de Parisiens, et que Paris souffre plus que tout autre de la législation des boissons. Un membre du conseil municipal déclarait l'autre jour, au moment même où notre ami M. Marius Martin développait un projet de réforme des plus pratiques, que les ouvriers de Paris ne pouvaient plus boire une bouteille de vin qui ne fût frelatée. — Quand il n'est que baptisé, il n'y a que demi-mal, mais souvent on y ajoute les produits les plus malsains. Oui, mon honorable interrupteur, vous avez raison. Nous l'avons dit souvent : la réforme de la loi sur les boissons est indispensable.

La commission du budget s'est enfin décidée à diminuer les droits sur les boissons hygiéniques, mais je crains que l'insuffisance de la réforme ne montre, une fois de plus, combien la question est mal comprise, et l'intérêt du peuple délaissé. (Applaudissements.)

Et tenez, je ne veux pas abandonner cette question des impôts sans vous dire que je

voudrais qu'on diminuât le prix du tabac
avant de réduire l'impôt sur les sucres ; —
le tabac pour lequel vous payez au fisc huit
sous, lorsque vous achetez un paquet de ca-
poral de dix sous : soit 400 0⁞0. (Applaudissements.)

On vous dit que c'est un impôt de luxe.
Ah! oui — le luxe de l'ouvrier. — L'ouvrier
en fait de luxe n'a que le tabac... et sa femme (hilarité générale), et il y aurait sur ce
dernier point bien des choses à dire ; mais
je ne veux pas oublier qu'il y a des dames
dans cet auditoire. Eh quoi! vous imposez
à outrance le luxe de l'ouvrier. Est-ce que
vous taxez le luxe des riches plus critiqua-
ble bien souvent? Est-ce qu'il vous est jamais venu à la pensée de demander par
exemple de mettre un impôt sur ces fem-
mes aux cheveux jaunes qui étalent leur
luxe dans les Champs-Elysées? (Applaudissements et rires bruyants.)

Non, non; votre abaissement de l'impôt
du sucre, venant avant la réduction du prix
des produits consommés par le peuple, est
une réforme mal conçue, et qui prouve à
quel point vous êtes dénués du sens démocratique. (Très bien, très bien !)

Mais, Messieurs, je me résume, car il faut
me borner, sous peine de fatiguer votre at-

tention et votre bienveillance. (Non, non, parlez!)

Les républicains ont oublié leurs promesses, ils ont foulé aux pieds leurs programmes, ils ne nous ont donné ni l'économie, ni la réduction des dépenses, ni les réformes fiscales, ni la diminution du fonctionnarisme, ni la suppression des emprunts, — et on peut dire de l'opportunisme, qui est la seule forme sous laquelle la république ait encore vécu : « Il n'a rien fait pour le peuple. » (Applaudissements.)

Voulez-vous que j'invoque un témoignage qui ne soit pas suspect? — Dans un exposé des motifs à l'appui d'une proposition animée de bonnes intentions, mais, bien mal conçue, savez-vous comment s'expriment les républicains les plus autorisés ? *Ils déclarent qu'il faut reconnaître que tout ce qu'on a fait pour le peuple jusqu'à ce jour se réduit à peu près à des promesses. Or,* savez-vous qui dit cela? Ce sont MM. Nadaud, Clémenceau, Floquet, Allain-Targé, Lockroy, Germain Casse, Tallandier, Cantagrel, Madier de Montjau, Greppo, Spuller et quelques-autres que l'on n'accusera pas assurément d'être des bonapartistes. (Très bien! très bien!)

Je loue mes collègues de leur franchise,

mais je leur demande un peu plus d'équité pour nous. Comment ont-ils pu écrire que *l'auteur du livre sur le paupérisme* n'avait pas tenu ses promesses à l'égard du peuple !

Et quoi ! il n'avait rien fait pour le peuple cet Empereur qui, à peine au pouvoir, abolissait l'article 1087 du Code et donnait ainsi au témoignage de l'ouvrier la même autorité qu'à celui du patron dans leurs contestations judiciaires ! Il ne faisait rien pour le peuple celui qui, supprimant la fosse commune, n'avait pas voulu que l'ouvrier qui meurt, sans avoir pu faire des économies, fût jeté pêle-mêle dans le charnier où ses enfants ne pourront plus retrouver ses restes ? Il n'avait rien fait pour le peuple cet Empereur qui développait les sociétés de secours mutuels, créait les lavoirs et les bains du peuple, bâtissait de ses propres deniers des maisons ouvrières, fondait les banques des prêts ouvriers, la Banque du Prince Impérial placée sous le patronage de la noble femme qui pleure sur la tombe du jeune héros dont nous porterons éternellement le deuil ? Il n'a rien fait pour le peuple, ce Napoléon qui, bravant une impopularité momentanée, a signé ces admirables traités de commerce de 1860, que tous les ennemis coalisés de l'Empire n'ont pu détruire et qu'un homme d'Etat illustre défendait, il y a quelques jours, en forçant l'admiration de nos adversaires ; ces traités, qui ont permis au peuple de se nourrir, de se vêtir à bon marché! ces traités, qui ont supprimé la blouse dans le costume de l'ouvrier qui se promène le dimanche vêtu maintenant comme nous le sommes tous. (Triple salve d'applaudissements.)

Non, Messieurs, je ne crains pas de l'affirmer ici, l'Empire a fait pour le peuple ce que la république ne fera jamais.

Les Napoléons savent qu'ils doivent tout au peuple, ils sont toujours profondément dévoués aux intérêts de la démocratie. (Applaudissements.)

Si les intérêts de la démocratie sont depuis dix ans méconnus à ce point, c'est plus encore à l'opportunisme qu'à la république qu'il faut s'en prendre. Aussi, me souvenant d'une parole qui fit un certain bruit, mon dernier mot adressé à ceux qui se préoccupent des intérêts des populations ouvrières, de leurs souffrances, de leurs griefs, sera celui-ci : L'opportunisme, c'est l'ennemi.

(Longs et bruyants applaudissements.)

L'orateur en regagnant sa place est chaleureusement félicité.

Paris. — Imp. F. Debons et Cie, 16, rue du Croissant.

286